Unsere Liebe
hört niemals auf

Trostgedanken für Trauernde

Wiechmann Verlag

Wir wissen, dass irgendwann der Tag kommt, an dem wir uns von Menschen, die uns lieb sind, trennen müssen. Doch wenn es so weit ist, sind wir fassungslos. Der Schmerz über den Verlust ist unendlich groß. Nichts ist mehr, wie es war!
Wir fühlen uns wie ein Schiff im Sturm, unsere Gefühle sind aufgewühlt. Wir wehren uns gegen die Realität, wollen den Verlust nicht hinnehmen. Ziellos treiben wir auf dem weiten Meer unseres Lebens, fühlen uns einsam – verlassen von allem Vertrauten und Liebgewordenen.

Wir brauchen die Zeit der Trauer, um Abschied zu nehmen, loszulassen und Kraft zu schöpfen für das weitere Leben. In unserer tiefen Traurigkeit sind wir nicht alleine. Es gibt Menschen, die in Gedanken bei uns sind, auch wenn ihnen die Worte in Achtung unseres Schmerzes versagen. Die Stille hilft unserer Trauer. Sie gibt uns Raum für Dankbarkeit und Liebe. Raum für Erinnerungen, die uns allein gehören und die uns nicht genommen werden können. Mit der Zeit schöpfen wir wieder Hoffnung und lassen tröstende Gedanken an uns heran. Ganz allmählich erscheint die Zukunft wieder in sanftem Licht.

Allein zu sein!
Drei Worte, leicht zu sagen,
und doch so schwer,
so endlos schwer zu tragen.

ADELBERT VON CHAMISSO

Ich bin nicht weit,

nur auf der anderen Seite
des Weges.

AUGUSTINUS

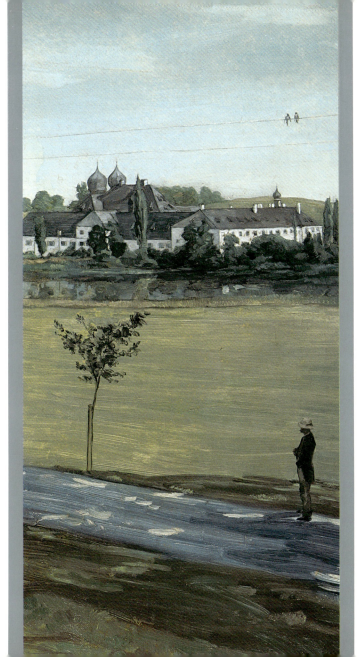

Doch jetzt ist's Zeit,
    fortzugehen,

für mich, um zu sterben,
 für euch, um zu leben.

PLATON

Herr, es ist Zeit.
Der Sommer war sehr groß.

RAINER MARIA RILKE

Und meine Seele spannte
weit ihre Flügel aus,

flog durch die stillen Lande,
als flöge sie nach Haus.

JOSEPH VON EICHENDORFF

Sterben heißt,
das dunkle Ufer
des Lebens verlassen,

um ans helle Ufer
der Ewigkeit zu gelangen.

IRMGARD ERATH

Wanderer
sind wir alle

   auf dem Weg
   in die Ewigkeit.

CAROL ANN HIERL

Das einzig Wichtige im Leben
sind die Spuren von Liebe,
die wir hinterlassen,
wenn wir ungefragt weggehen
und Abschied nehmen müssen.

ALBERT SCHWEITZER

Kein Wort
und keine Tat geht verloren.

Alles bleibt
und trägt Frucht.

CARL HILTY

Ich bin nicht tot,
ich tausche nur die Räume,

ich leb' in euch
und geh' durch eure Träume.

MICHELANGELO

Wer im Gedächtnis
seiner Lieben lebt,

ist nicht tot, er ist nur fern.

JOH. CHRISTIAN VON ZEDLITZ

Der Tod ist die Grenze
des Lebens,

    aber nicht
    der Liebe.

Wenn etwas
von uns fortgenommen wird,
womit wir tief und wunderbar
zusammenhängen,
so ist viel von uns selber
fortgenommen.

Gott aber will,
dass wir uns wieder finden,
reicher um alles Verlorene
und vermehrt um jeden
unendlichen Schmerz.

RAINER MARIA RILKE

Der Mensch, den wir lieben,
ist nicht mehr da, wo er war,

aber überall, wo wir sind
und seiner gedenken.

AUGUSTINUS

Leuchtende Tage:

Nicht weinen,
dass sie vorüber.

Lächeln,
dass sie gewesen.

KONFUZIUS

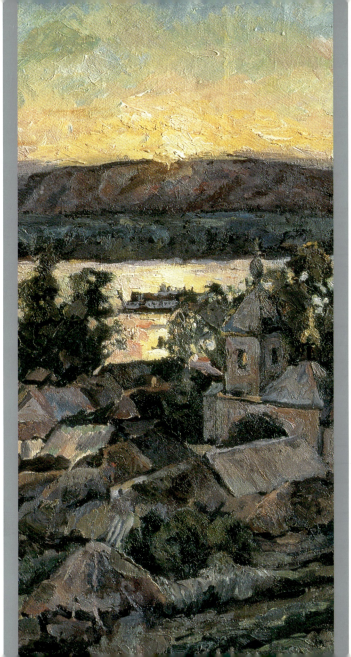

Das Glück,

das wir durch
die Menschen
erfahren durften,
die uns liebten,

macht den
wahren Reichtum
unseres Lebens aus.

IRMGARD ERATH

Liebe bedeutet
vielleicht auch dies:

Erkennen, wann es Zeit ist,
jemanden gehen zu lassen.

Abschied nehmen
und den geliebten Menschen
loslassen können.

SILKE MORS

Ein Leben hat sich vollendet.
Wir müssen uns fügen.

Mögen deine
guten Erinnerungen
deine tiefe Traurigkeit
immer mehr mit Licht erfüllen.

JUTTA METZ

Eine wahrhaft empfindende Liebe
kann nicht untergehen;

die Kraft, die über das Grab
hinausreicht, liegt in ihr.

WILHELM VON HUMBOLDT

Menschen,
die aus der Hoffnung leben,
sehen weiter.
Menschen,
die aus der Liebe leben,
sehen tiefer.

Menschen,
die aus dem Glauben leben,
sehen alles
in einem anderen Licht.

LOTHAR ZENETTI

Und alles Getrennte
findet sich wieder.

HÖLDERLIN

Ein Mensch geht von uns.
Aber er lässt uns seine Liebe,
seine Heiterkeit, seinen Ernst,
seine Weisheit;
er lässt uns seinen Geist zurück,
mit diesem lebt er
unter den Seinigen weiter,
helfend und tröstend.

AUGUST LÄMMLE

Verzeichnis der Abbildungen:
Titelbild und S. 29: W. Trübner, Am Weiher, Kaunas, Staatliches Museum; S. 2: F. Waldmüller, Das Dorf Ahorn bei Ischl, Winterthur, Sammlung O. Reinhart; S. 5: H. Thoma, Der Wanderer, Hannover, Niedersächsische Landesgalerie; S. 7: W. Trübner, Landschaft bei Kloster Seeon, Karlsruhe, Kunsthalle; S. 9: C.F. Daubigny, Morgen, Moskau, Puschkin Museum; S.11: I. Levitan, Dämmerung, Moskau, Tretjakow-Galerie; S. 13: C.D. Friedrich, Landschaft mit Regenbogen, Weimar, Staatliche Kunstsammlung; S. 15: A. Ivanov, Wasser u. Steine, St. Petersburg, Russisches Museum; S. 17: C.D. Friedrich, Morgen in den Bergen, St. Petersburg, Eremitage; S.19: C.D. Friedrich, Einsamer Baum, Berlin, Nationalgalerie; S. 21: C. F. Daubigny, Am Ufer der Oise, Moskau, Puschkin Museum; S. 23: C.D. Friedrich, Der Träumer, St. Petersburg, Eremitage; S. 25: C.D. Friedrich, In den Bergen, Moskau, Puschkin Museum; S. 27: W. Trübner, Birken auf der Herreninsel, Karlsruhe, Kunsthalle; S. 31: A. Kuindschi, Birkenhain, Moskau, Tretjakow-Galerie; S. 33: A. Lentulov, Sonnenuntergang, Moskau, Tretjakow-Galerie; S. 35 F. Kobell, Neckarlandschaft, Berlin, Nationalgalerie; S. 37: D. Burljuk, Eine Landstraße, Serpuchnov, Kunstmuseum; S. 39: C.D. Friedrich, Bäume in der Abenddämmerung, Köln, Wallraf-Richartz-Museum; S. 41: J.B. Corot, Landschaft, Paris, Sammlung G. Renand; S 43: C.F. Daubigny, Landschaft mit See, St. Petersburg, Eremitage; S. 45: F. Post, Landschaft mit Wasserfall, o.A; S.47: M. von Schwind: Auf Wanderschaft, München, Schackgalerie.

Wir danken allen Autoren bzw. deren Erben, die uns freundlicherweise die Erlaubnis zum Abdruck von Texten erteilt haben, so wie dem C.H. Beck Verlag, für den Text von Albert Schweitzer, sowie für einen Text von Lothar Zenetti, aus: ders., Auf Seiner Spur Topos Plus Taschenbuch 327. © Matthias-Grünewald-Verlag, Mainz, 2. Auflage 2001, S. 162.

Idee & Konzept: Wiechmann Verlag. Das Werk einschließlich seiner Teile ist urheberrechtlich geschützt. Jede Verwertung außerhalb der engen Grenzen des Urheberrechtsgesetzes ist ohne Zustimmung des Verlages unzulässig und strafbar. Das gilt insbesondere für Kopien, Einspeicherung und Verarbeitung in elektronischen Systemen.

Herausgegeben von Silke Mors

ISBN 3-87908-592-7
© 2002 Wiechmann Verlag GmbH, Deggenhausertal
Vertrieb über: Groh Fotokunst Verlag GmbH & Co. KG ·www.groh.de